DEVOIRS

DU SOLDAT.

Paris, de l'Imprimerie de Gaultier-Laguionie, Hôtel des Fermes.

DEVOIRS

DU SOLDAT.

PARIS,

CHEZ LES MARCHANDS DE NOUVAUTÉS.

1825.

DEVOIRS

DU SOLDAT.

PREMIÈRE PARTIE.

Dispositions générales.

D. Quels sont les supérieurs d'un soldat?

R. Les caporaux, brigadiers, sous-officiers et officiers de toute arme et particulièrement ceux du corps dont il fait partie.

D. Quel est le devoir d'un militaire envers son supérieur?

R. Son devoir est d'être respectueux, entièrement obéissant; c'est-à-dire qu'il est tenu, dans toutes les occasions, d'avoir pour lui des égards, de la déférence, et d'exécuter *à l'instant même* les ordres qu'il reçoit *sans hésiter ni murmurer.*

D. Quelle doit être la conduite du soldat?

R. Elle doit être exempte de reproches sous le rapport de la tenue, de la moralité et de la discipline.

D. Que doit-il principalement éviter?

R. Les mauvaises compagnies et l'ivresse qui ne peuvent que le conduire à l'entier oubli de ses devoirs et à l'abrutissement.

D. Comment le militaire se fait-il remarquer?

R. Par sa politesse, sa propreté, son exactitude à se trouver aux appels, à tous les rassemblements, et par le soin qu'il apporte à bien remplir tous ses devoirs.

D. Dans quel cas se met un soldat qui manque à ses supérieurs, à ses devoirs et à son service?

R. Il se met dans le cas d'être puni.

D. Quelles sont les peines à infliger à un soldat?

R. Les corvées, l'exercice au peloton de punition, la consigne, la salle de police, la prison et le cachot.

D. Les punitions ne privent-elles pas le soldat de certaines faveurs?

R. Oui, au moins pendant une semaine, de toute permission de spectacle et d'appel.

D. A quoi s'expose un homme qui se conduit habituellement mal?

R. A être envoyé aux compagnies de discipline, de fusiliers ou de pionniers.

D. Comment un soldat y est-il traité ?

R. Avec beaucoup de sévérité, principalement dans les compagnies de pionniers.

D. Un militaire peut-il être traité plus sévèrement ?

R. Oui : il peut être traduit devant un conseil de guerre.

D. Dans quel cas ?

R. Quand il manque essentiellement à ses chefs, déserte ou commet un crime, c'est-à-dire quand il vole, viole, assassine, etc., etc.

D. Quelles sont alors les peines auxquelles il peut être condamné ?

R. Il peut être condamné aux travaux publics, au boulet, à la détention, à la réclusion, aux travaux forcés ou à mort, suivant le crime ou délit qu'il a commis.

D. Un soldat qui se croit puni injustement peut-il réclamer ?

R. Oui ; *mais après avoir obéi à l'ordre de punition.*

D. A qui doit-il réclamer ?

R. Au grade supérieur à celui qui l'a puni ; et s'il croit que justice ne lui soit pas rendue, il peut s'adresser au chef du corps.

D. Quand et de quelle manière doit-il le faire ?

R. De préférence quand ce supérieur vient au quartier ; mais si le soldat veut aller chez lui, *il est tenu de se faire accompagner d'un sous-officier à son choix.*

D. Un soldat peut-il réclamer aux généraux, aux intendans militaires ?

R. Oui, il le peut par écrit : il réclame aux derniers, seulement quand il s'agit d'administration.

D. Que doit-il dans ce cas faire avant de soumettre sa réclamation ?

R. En faire prévenir, par ses supérieurs, le chef du corps, à moins que la réclamation ne regarde celui-ci personnellement.

D. Le soldat peut-il réclamer sous les armes ?

R. Oui, mais après avoir prévenu son chef de compagnie.

D. De quelle manière doit-il le faire ?

R. En présentant les armes.

D. Qu'arrive-t-il au soldat qui réclame à tort ?

R. *Il est puni pour ce fait.*

D. Quelles sont les personnes qu'un soldat doit saluer ?

R. Tous ses supérieurs, de quelque corps, de quelque arme qu'ils soient.

D. De quelle manière le militaire doit-il saluer ?

R. Trois pas avant d'arriver à la personne qu'il doit saluer, il ôte son bonnet de police et descend la main qui le tient dans le rang. Il ne doit le remettre qu'après avoir dépassé.

D. Quelle est la manière de saluer quand le soldat est coiffé du schakos ?

R. Trois pas avant d'arriver à la personne, il porte la main droite en avant de la visière, et la descend dans le rang après avoir dépassé. (*)

D. Un militaire qui rencontre un de ses chefs, doit-il le saluer s'il n'est pas en uniforme?

R. Oui, s'il le reconnaît.

D. De quelle manière un militaire doit-il parler à un officier?

R. Le bonnet bas; et s'il a son schakos, il doit le saluer de la manière prescrite.

D. Que doivent faire des militaires quand un officier entre dans une maison, passe devant des portes ou postes où ils sont assis?

R. *Ils doivent se lever aussitôt et le saluer.*

D. Quand un militaire parle à un de ses chefs, ou de l'un d'eux, doit-il le désigner par son nom seul?

R. Non: il doit toujours faire précéder son nom de la désignation de son grade.

D. Quelle doit être l'instruction du soldat?

R. Il doit pouvoir faire l'exercice et connaître ses devoirs militaires.

D. Combien le soldat est-il exercé de fois par jour?

R. Deux fois, hiver et été, jusqu'à ce qu'il soit admis au bataillon.

D. Quelle punition inflige-t-on au soldat qui se néglige à la manœuvre?

(*) Ceux chargés de l'enseignement de cette Instruction feront toujours faire le salut comme il est expliqué.

R. On l'appointe d'exercice.

D. Combien de temps un jeune soldat est-il tenu de prendre leçon d'armes?

R. Six mois. Les maîtres sont payés par le corps.

D. Dans quel but sont établies les écoles régimentaires?

R. Pour que le militaire puisse y apprendre à lire, à écrire et à calculer.

D. Le militaire est-il obligé d'y aller?

R. Non; mais les chefs auront des égards pour ceux qui les suivront, puisque par là ils prouvent le désir d'apprendre et de pouvoir se rendre utiles.

D. Quel avantage retirera le soldat de son exactitude à suivre ces écoles?

R. La possibilité d'obtenir des grades; l'avancement étant donné à tout le monde, chacun peut prétendre à devenir sous-officier, officier, etc., etc.

D. Comment doit s'habiller un soldat?

R. Dans la tenue prescrite: il lui est expressément défendu de porter des effets d'une autre forme ou d'une autre couleur.

D. Que doit faire le soldat quand il veut acheter des effets d'habillement ou de linge et chaussure?

R. Il doit consulter son chef de compagnie, et avoir son approbation. Il ne peut également *en vendre sans son consentement.*

D. Quel soin doit avoir un soldat avant de sortir du quartier?

R. Il doit s'agraffer, se boutonner et colleter avec la plus grande attention. *Cette tenue doit être conservée tant qu'il est dehors.*

D. Comment les militaires qui ont le sabre doivent-ils le porter?

R. Au côté, le baudrier passé sous la contre-épaulette.

D. Comment est employée la solde du soldat?

R. A le faire vivre et à son entretien de linge et chaussure.

D. Quels sont les effets de linge et chaussure?

R. Les souliers, guêtres, caleçons, chemises, cols, sacs de peau, et autres petits objets nécessaires.

D. Qu'entend-on par masse de linge et chaussure?

R. La retenue journalière de dix centimes que le corps exerce sur la solde du militaire.

D. Quel doit être le complet de cette masse?

R. Elle doit s'élever à trente francs.

D. Et lorsqu'elle dépasse ce complet, que fait-on du surplus?

R. On le paie chaque trois mois aux hommes, après s'être assuré que leur sac est garni.

D. Comment le soldat connaît-il la situation de sa masse?

R. Au moyen d'un livret qu'on lui donne et

qu'il est tenu de conserver proprement. Ce livret présente le double des comptes du capitaine.

D. Toute la solde doit-elle être consommée à l'ordinaire?

R. Oui, si le chef l'exige, excepté le sou de poche.

D. Le soldat doit-il manger à l'ordinaire?

R. Oui, à moins d'en être dispensé.

D. Comment l'habillement est-il donné au soldat?

R. Par les soins du corps: chaque objet a une durée fixée.

D. Quels effets d'habillement le soldat peut-il porter?

R. Ceux prescrits pour la tenue, qui ne change que par ordre du chef.

D. Quels soins le soldat doit-il avoir de son habillement?

R. De le tenir *dans le plus grand ordre possible*, et de manière qu'il n'y ait jamais *de taches*, *de trous*, *et rien de décousu.*

D. Par qui doivent se faire toutes les menues réparations?

R. Par le soldat ou à ses frais.

D. Comment l'armement et l'équipement sont-ils fournis?

R. Par les soins du corps.

D. Comment le soldat doit-il entretenir ses armes?

R. En bon état, sans rouille, aussi propres en

dedans qu'en dehors, les pièces qui jouent, huilées.

D. De quelle matière doit se servir le soldat pour nétoyer son fusil?

R. Habituellement de brique *brûlée, bien pulvérisée et tamisée, humectée d'huile.* Il frottera avec des curettes de bois tendre ou des brosses rudes.

D. Si les armes étaient fortement rouillées, que devrait-il employer?

R. De l'émeri, bien pulvérisé, avec de l'huile; à son défaut, on se servira de la brique pulvérisée, tamisée et humectée d'huile.

D. Que doit-on observer pour l'intérieur des platines?

R. On doit les tenir toujours légèrement huilées.

D. Comment doit-on nétoyer le cuivre?

R. Avec du tripoli ou de la brique pilée et du vinaigre, *sans jamais y mettre de la graisse.*

D. Que doit observer le soldat pour le bois de son fusil?

R. De ne jamais le gratter ni le diminuer.

D. Comment doit-on nétoyer le canon?

R. Posé à plat, sur un banc ou sur une table, *jamais soutenu par les extrémités ni dans l'embrâsure des portes.*

D. Comment sont payées les réparations faites à l'armement?

R. Celles occasionnées par faute de soins et par detérioration sont au compte du soldat; les pièces usées sont payées par le corps.

D. De quelle pierre le soldat doit-il garnir son arme?

R. D'une pierre de bois, à moins qu'il n'en soit ordonné autrement.

D. Comment doit être garnie la pierre à feu?

R. Avec un plomb bien ajusté.

D. Quels objets le soldat doit-il avoir toujours dans sa giberne?

R. Plusieurs pierres à feu et en bois, et son nécessaire d'armes.

D. Comment se font les petites réparations à l'équipement?

R. Par les soins du soldat.

D. De quelle manière l'équipement du soldat doit-il être tenu?

Les buffeteries bien blanchies, tout ce qui est cuir, noir et bien ciré; *le cuivre doit être parfaitement clair.*

D. Que doit faire le soldat, lorsqu'il lui est ordonné de prendre armes et bagages?

R. Prendre sur lui tout ce qu'il possède en armement, équipement, habillement, linge et chaussure, etc., etc.

D. Comment doit-on placer la giberne?

R. Horizontalement au bas et au milieu du dos, de manière qu'il y ait la largeur de la main entre elle et le coude du bras droit plié et appuyé au corps.

D. Comment placer le sabre?

R. Le pommeau de niveau avec le dessus de la giberne.

D. A quelle hauteur doit être le sac?

R. A la largeur de la main au-dessus de la giberne.

D. Un soldat peut-il rajuster lui-même ses banderolles et baudrier?

R. Oui, mais il *n'en doit jamais rien couper.* Pour cela, il découdra et recoudra, s'il est nécessaire, les petites courroies qui sont au bout des banderolles, et on raccourcira ou ralongera les baudriers par le moyen des boucles.

D. Comment doit être placée la bretelle de fusil?

R. De manière que le bas de la boucle soit toujours à la hauteur de *l'extrémité inférieure de la première capucine.*

D. Que faire pour la rajuster?

R. Découdre et recoudre l'extrémité de la bretelle où est passée la boucle, pour la mettre à hauteur : *on ne doit absolument rien toucher à l'autre bout.*

DEUXIÈME PARTIE.

Service armé.

D. Comment est réparti le service?

R. Il est réparti également.

D. Par qui et comment est-il commandé?

R. Par le sergent-major, et, autant que possible, la veille, au cercle.

D. Le soldat peut-il faire faire son service?

R. Oui, s'il en demande l'autorisation à ses chefs?

D. Que doit faire un soldat la veille du jour où il prend les armes?

R. Il doit passer la revue de son *habillement*, *armement*, *équipement*, et *mettre* le tout dans le meilleur état possible.

D. Que doit faire un soldat le matin du jour où il est de garde?

R. Il doit s'habiller dans la *tenue prescrite* avec la plus grande attention.

D. Comment le soldat doit-il placer son schakos?

R. De manière à ce qu'il soit droit.

D. Que doit faire le soldat un peu avant le rappel?

R. Il doit mettre son fourniment, afin de ne pas se faire attendre.

D. Que doit-il faire au premier coup de baguette?

R. Il doit prendre son arme et se rendre au lieu ordinaire de rassemblement pour la compagnie.

D. Si le soldat est de garde, où doit-il se placer?

R. Il doit se placer à son numéro de tour de garde.

D. Quelle doit alors être l'attention du soldat?

R. Il doit faire attention au poste où l'adjudant l'a placé, et surtout reconnaître le chef qui lui est donné.

D. Quel doit être le soin du soldat quand il est sous les armes?

R. Il doit toujours avoir le plus grand soin *d'observer tous les principes qu'il a reçus à l'exercice.*

D. En quoi consistent ces principes?

R. *A exécuter avec précision tous les mouvemens de maniement d'armes; à ne jamais sortir du rang; à marcher avec ordre et silence, et à bien conserver ses distances.*

D. Quel est le soin du soldat de garde?

R. De toujours se placer à son rang et de se rappeler son numéro.

D. Le soldat de garde peut-il s'éloigner de son poste?

R. Jamais, sous aucun prétexte.

D. Le soldat de garde peut-il quitter son fourniment?

R. *Jamais, pas même pour aller aux latrines.*

D. Où le soldat doit-il placer son fusil?

R. Au ratelier d'armes et à son ordre de numéro.

D. Que doit faire le soldat avant d'aller en faction?

R. Il doit se tenir prêt un quart-d'heure d'avance, bien assujétir la pierre de son fusil, et examiner si son arme est en état.

D. Que doit faire le soldat quand le caporal le conduit en faction et qu'il lui donne la consigne?

R. Il doit marcher avec précision, bien porter son arme, *et écouter attentivement la consigne.*

D. Que doit observer une sentinelle relativement à sa consigne?

R. *Elle doit la suivre ponctuellement, même au péril de sa vie.*

D. A quelle distance la sentinelle peut-elle s'éloigner de sa guérite?

R. Elle peut s'en éloigner à vingt pas en tous sens; mais jamais au-delà.

D. Quel est le devoir général d'une sentinelle?

R. Elle ne doit jamais quitter son arme, s'asseoir, fumer, chanter, lire, siffler et parler à personne sans nécessité.

D. A quoi doit veiller le soldat en faction?

R. Il ne doit faire ni laisser faire des ordures près de son poste, ayant soin cependant de ne *se porter à aucune voie de fait pour en empêcher.*

D. A quoi est encore tenue une sentinelle?

R. La sentinelle est tenue à ne jamais dormir, *à ne jamais quitter son poste en aucune occasion, quelle qu'elle puisse être.*

D. La sentinelle n'a-t-elle pas encore d'autres obligations?

R. Oui: elle ne doit jamais boucher les fenêtres de sa guérite, et *ne peut recevoir d'argent de qui que ce soit.*

D. Par qui une sentinelle peut-elle être relevée?

R. Seulement par le caporal qui l'a posée.

D. De qui une sentinelle peut-elle recevoir une nouvelle consigne?

R. Du caporal qui l'a posée.

D. La sentinelle peut-elle faire connaître sa consigne?

R. Jamais, sinon en présence et sur l'ordre de son caporal de poste.

D. Par quel ordre une sentinelle peut-elle être arrêtée?

R. Par ordre seulement du commandant de la garde dont elle fait partie.

D. Que doit faire une sentinelle qui aperçoit le

feu, qui entend du bruit ou d'autres circonstances qui nécessitent la force armée ?

R. Elle doit crier: *Au feu* ou *à la garde.*

D. Que fera une sentinelle qui entend *crier au feu* ou *à la garde ?*

R. Elle doit répéter ces cris pour les faire parvenir au poste.

D. Que doit faire une sentinelle qui verrait une dispute ?

R. Elle doit la calmer, en arrêter les auteurs, et se mettre en défense, si le cas l'exige.

D. Que doit faire une sentinelle qui est attaquée?

R. Elle doit se maintenir *à son poste, à quelque prix que ce soit*, en attendant le secours qu'elle appellera.

D. A qui une sentinelle doit-elle présenter les armes ?

R. Elle présente les armes aux généraux, aux lieutenans de Roi, aux officiers supérieurs de son corps, à tous les colonels, aux évêques, aux archevêques, à la cour de cassation en corps, et au Saint-Sacrement.

D. A qui portera-t-elle les armes ?

R. Elle portera les armes à tous les officiers en uniforme, à toute personne décorée de la croix d'Honneur ou de celle de Saint-Louis., aux préfets en uniforme, à toutes les cours réunies en corps.

D. Que doit faire une sentinelle lorsqu'une troupe passe devant elle?

R. Elle doit se mettre au port d'armes et y rester jusqu'à ce que cette troupe soit passée.

D. Que doit faire une sentinelle lorsqu'elle verra une personne qu'elle doit saluer?

R. Elle doit porter ou présenter les armes, à dix pas avant que cette personne soit à sa hauteur, et rester dans cette position jusqu'à ce qu'elle soit dépassée d'autant: la sentinelle tournera toujours la tête du côté de la personne à qui elle doit rendre les honneurs. (*)

D. Comment se placeront les sentinelles extérieures, ou celles placées sur les remparts, lorsqu'elles devront saluer?

R. Elles feront toujours face à la personne à qui cet honneur est fait.

D. Comment se place la sentinelle dans l'intérieur?

R. Elle se place à côté et parallèlement à sa guérite; si elle marche, elle s'arrête.

D. Que doit faire une sentinelle quand elle aperçoit une personne à qui elle devra le salut?

R. Elle doit prendre la position du troisième mouvement de l'arme au bras, et porter l'arme à la distance prescrite.

D. Quand une sentinelle doit-elle présenter les armes?

(*) L'instructeur fera exécuter le salut.

R. Elle doit présenter l'arme au moment où la personne à qui elle doit cet honneur passe devant elle.

D. Que doit faire la sentinelle lorsqu'elle a salué ?

R. Elle doit, lorsqu'elle est dépassée, porter les armes et mettre l'arme au bras, en passant par tous les mouvemens; ce n'est qu'en se mettant en marche qu'elle porte la main droite à la poignée de l'arme.

D. Comment une sentinelle peut-elle avoir l'arme?

R. Elle peut l'avoir au pied, sans jamais appuyer le coude ou la main sur l'extrémité du canon; au bras, ou sous le bras gauche, s'il pleut.

D. Lorsqu'une sentinelle est retenue dans sa guérite par le mauvais temps, comment doit-elle avoir l'arme?

R. Elle doit l'avoir au pied, l'extrémité du canon appuyée à l'épaule droite.

D. Comment la sentinelle doit elle saluer dans cette position?

R. En restant fixe et passant la main à plat sur la bretelle.

D. Malgré le mauvais temps, la sentinelle ne doit-elle pas quelquefois sortir de sa guérite?

R. Elle doit en sortir toutes les fois que des officiers supérieurs ou des officiers généraux ou une troupe armée passent devant elle.

D. Jusqu'à quelle heure une sentinelle doit-elle rendre les honneurs ?

R. Elle doit le faire jusqu'au coucher du soleil.

D. A qui les sentinelles doivent-elles des honneurs pendant la nuit ?

R. Aux rondes et patrouilles seulement.

D. Quels honneurs une sentinelle doit-elle la nuit aux officiers ?

R. Elle doit prendre la position de l'arme au bras.

D. A quelle heure une sentinelle doit-elle commencer à rendre les honneurs ?

R. Au point du jour.

D. A quoi est tenue une sentinelle pendant la nuit ?

R. Elle est tenue à être continuellement sur ses gardes, à veiller à la sûreté de son poste, au maintien du bon ordre et à la conservation de la tranquillité publique.

D. Peut-elle se laisser approcher ?

R. Non, par personne : elle doit faire passer les allans et venans à quelques pas d'elle.

D. La sentinelle peut-elle rester dans sa guérite pendant les nuits pluvieuses ?

R. Oui ; mais elle doit en sortir pour les rondes, patrouilles, et toutes les fois que des hommes armés approchent d'elle.

D. Selon les ordres de la place, que doit faire

une sentinelle lorsqu'elle voit ou entend venir quelqu'un la nuit?

R. La sentinelle doit, à tous ceux qu'elle voit ou entend venir la nuit, crier d'une voix forte : *Qui vive!* Elle ne laissera passer personne, sans qu'on lui ait répondu de manière à se faire connaître.

D. Lorsqu'une sentinelle aura crié *trois fois Qui vive!* et que cependant on continuera d'approcher d'elle sans lui répondre, que devra-t-elle faire?

R. Elle devra crier : *Halte-là!* et prévenir qu'elle va tirer. (*)

D. Si on persiste à s'avancer, que fera-t-elle?

R. Elle fera feu et *criera aussitôt à la garde*, faisant un moment attention si quelque bruit, ou le vent contraire, n'empêche pas la personne qui vient d'entendre sa voix.

D. Quel est le devoir d'une sentinelle devant les armes?

R. De n'en laisser approcher aucun étranger.

D. Que doit faire la sentinelle devant les armes du poste de la police, lorsqu'elle aperçoit le commandant du corps?

R. Elle doit crier: *Hors la garde.*

D. Quand une sentinelle doit-elle crier aux armes?

R. Lorsqu'elle voit des généraux en uniforme,

(*) L'instructeur donnera l'intonation et fera répéter chaque soldat.

le lieutenant de Roi, le préfet escorté d'une troupe armée, les évêques, les archevêques, le Saint-Sacrement, les cours de justice, une troupe armée, une procession, une ronde ou une patrouille.

D. A quoi reconnait-on un officier de service de place?

R. Au hausse-col pour l'infanterie, et à la giberne pour la cavalerie.

D. A quoi reconnaît-on une ronde?

R. Au fanal dont elle est accompagnée.

D. Que doit faire la sentinelle devant les armes quand elle aperçoit une ronde ou patrouille?

R. Elle doit crier: *Qui vive!* Lorsqu'on lui aura répondu, elle criera: *Halte-là! caporal, hors la garde, ronde ou patrouille.* Elle apprêtera ses armes, et empêchera la ronde ou la patrouille d'avancer. (*)

D. Si la ronde ou patrouille ne s'arrêtait pas au cri de *qui vive*, que devrait faire la sentinelle?

R. Elle devrait prévenir qu'elle va tirer.

D. Quand la sentinelle est isolée, qui doit reconnaître les rondes ou patrouilles?

(*) L'instructeur fera exécuter à chaque homme ce qui est prescrit pour la reconnaissance des rondes ou patrouilles ou d'une troupe, lorsqu'il se trouvera en faction à la barrière extérieure.

R. La sentinelle doit les reconnaître elle-même, suivant l'ordre de la place.

D. Quel est l'usage accoutumé pour cette reconnaissance ?

R. Que la sentinelle fasse avancer au mot de ralliement après qu'on lui a répondu ronde ou patrouille.

D. Que doit faire la sentinelle, si c'est une patrouille qui vient à elle ?

R. Elle doit crier: *Halte la troupe! chef de patrouille, avancez au mot de ralliement!*

D. Que doit-elle faire, si c'est une ronde ?

R. Elle doit crier: Avancez au mot de ralliement.

D. Que doit, dans tous les cas, faire la sentinelle ?

R. Elle doit toujours *croiser la bayonnette lorsqu'elle reçoit le mot*, et ne doit jamais se laisser dépasser par la personne qui le lui donne.

D. A quoi doivent spécialement veiller les sentinelles des portes de la ville ?

R. Elles doivent porter toute leur attention à ce que les ponts ne soient jamais embarrassés: elles feront, selon leur consigne, avancer ou reculer les voitures qui pourraient encombrer le passage.

D. Que doit faire la sentinelle de la barrière ou de l'avancée, lorsqu'elle découvre une troupe ?

R. Elle doit crier: *Aux armes! venez reconnaître troupe!*

D. S'il arrive que, par quelques circonstances, la sentinelle n'ait pu découvrir la troupe d'assez loin pour prévenir, ainsi qu'il vient d'être prescrit, que doit-elle faire ?

R. Elle doit crier à la troupe : Halte-là! ensuite, Aux armes! venez reconnaître troupe.

D. Toutes les fois qu'une sentinelle aura crié Halte-là, et qu'on continuera de marcher sur elle, que devra-t-elle faire?

R. Elle devra faire feu.

D. Que doivent faire de nuit les sentinelles, lorsque des rondes ou patrouilles passent devant elles ?

R. Elles doivent présenter les armes.

D. A quoi sont tenues les sentinelles isolées envers les rondes ou patrouilles?

R. Elles sont tenues à rendre compte elles-mêmes de ce qu'il peut y avoir de nouveau à leur poste.

D. Quel maintien doit avoir le soldat aux processions ou à l'église?

R. Il doit être *silencieux et recueilli.*

D. Les hommes de garde, désignés pour aller au bois ou à la chandelle, doivent-ils garder leur giberne ?

R. Ils doivent garder leur giberne, pour faire voir qu'ils sont de service.

D. Comment vont-ils chercher le bois ou la chandelle ?

R. Ils vont avec les marrons chez le fournisseur, rapportent le bois ou la chandelle, *sans perdre de temps, et surtout sans le dénaturer sous aucun prétexte.*

D. Que doit faire un soldat chargé de conduire des étrangers au corps de garde de la place?

R. Il doit porter l'arme dans le bras droit, et faire marcher l'étranger devant lui. (*)

D. Que doit faire un soldat qui va à l'ordre en remplacement du caporal?

R. Il doit aller à la place et en revenir l'arme dans le bras droit : arrivé au poste, il met l'arme au pied et donne l'ordre à voix basse au caporal. (**)

D. Le soldat qui va à l'ordre peut-il l'écrire ou le donner à quelqu'un d'étranger?

R. Il ne doit jamais écrire le mot et ne doit le donner qu'à son caporal de garde.

D. Lorsqu'un soldat est envoyé au rapport ou en ordonnance, que doit-il faire?

R. Il doit porter l'arme dans le bras droit, s'arrêter à deux pas de la personne à laquelle il est envoyé, présenter l'arme, lui faire son rapport, ou lui remettre le paquet dont il est porteur.

(*) L'instructeur fera exécuter à chaque homme ce qui est prescrit.

(**) Faire également exécuter à chaque homme ce qui est prescrit.

D. De quelle manière le soldat d'ordonnance doit-il remettre la dépêche qui lui est confiée ?

R. Il doit la remettre de la main droite, tenant l'arme présentée de la main gauche; après avoir reçu la réponse ou l'ordre de s'en retourner, il remet *l'arme dans le bras droit et fait demi-tour.*

D. Que fera le soldat d'ordonnanee lorsque, sur son chemin, il rencontrera quelqu'un à qui il devra les honneurs ?

R. Il redressera son arme dans le bras droit, portera la main gauche sur la bretelle, sans s'arrêter.

D. Que devront faire les soldats chargés d'escorter le concierge, pour aller chercher les clés chez le lieutenant de Roi ?

R. Ils devront porter l'arme dans le bras droit, et feront marcher le concierge *au milieu d'eux.*

D. A quelle heure l'homme de garde peut-il prendre le bonnet de police ?

R. A la retraite ou quand il en reçoit l'ordre. Il place alors son schakos dans un endroit à ce destiné.

D. Quel soin l'homme de garde doit-il avoir de sa giberne ?

R. Il doit avoir soin, en se couchant, de la placer de manière à ne pas s'appuyer dessus.

D. Que doit faire le soldat de garde au point du jour ?

R. Il doit nettoyer ses souliers, brosser son habillement, rajuster son col et reprendre son schakos.

FIN DE LA DEUXIÈME PARTIE.

TROISIEME PARTIE.

Service intérieur et Corvées.

D. Que doit faire le soldat en rentrant dans la chambre?

R. Il doit garnir son fusil d'une pierre à bois, ouvrir le bassinet, abattre le chien.

D. Où doit-il placer son fusil?

R. Il doit le placer au ratelier d'armes, à l'endroit où est son étiquette.

D. Où le soldat doit-il placer sa giberne, et de quelle manière?

R. A la cheville destinée à cet effet, et où se trouve son étiquette, ayant soin de mettre le couvre-giberne et de laisser la bayonnette dans le fourreau.

D. Où doit être placé le sac?

R. Il doit être placé, l'ouverture en dehors, sur la première planche au dessus, pliés et du lit.

D. Que doit-il contenir ?

R. Il doit contenir presque tous les effets, être fermé et prêt à être chargé.

D. Quels sont les effets qui doivent rester hors du sac et comment doivent-ils être pliés et placés?

R. On doit laisser dehors du sac, la capote, la veste, l'habit, pliés la doublure en dehors et sous le sac.

D. Où doit-on placer les souliers ?

R. On doit les accrocher, bien nettoyés, la semelle en dehors, à des clous fixés au-dessus du chevet du lit.

D. Quelle est la place du schakos?

R. Le schakos doit être placé sur la planche supérieure.

D. Où doit-on placer le linge sale et les ustensiles nécessaires à l'entretien des armes ?

R. On doit le placer dans les poches du sac.

D. Le soldat peut-il mettre des effets entre la paillasse et le matelat ?

R. *Non, sous aucun prétexte.*

D. Où le soldat doit-il faire ses ordures?

R. Jour et nuit, il doit les faire aux latrines seulement; *jamais dans les escaliers, corridors, et lieux intermédiaires au quartier et aux latrines; la plus grande propreté étant spécialement recommandée, comme indispensable à la santé.*

D. Quels sont les soins du soldat à son lever?

R. Il doit se laver les mains, le visage, les pieds au moins une fois la semaine; faire son lit, nettoyer ses effets et les mettre en ordre.

D. Que doit faire le soldat à la descente de sa garde?

R. Il doit visiter ses effets tant en dedans qu'en dehors, y faire les réparations nécessaires et les mettre dans le plus grand état de propreté.

D. Que doit faire un soldat pris de vin?

R. Il doit éviter de causer aucun scandale public, se rendre à sa chambre et se coucher.

D. Que doit faire un soldat qui rencontre un de ses camarades pris de vin?

R. Il doit le conduire au quartier.

D. Un soldat peut-il consulter le livre d'ordinaire et les listes pour le service et les corvées?

R. Un soldat peut s'assurer par lui-même que les dépenses sont portées exactement au livre d'ordinaire, et consulter la liste des corvées pour être certain qu'il n'est commandé qu'à son tour.

D. Que doit faire le soldat quand un officier entre dans la chambre?

R. Il doit se lever, porter la main à son schakos, ou ôter son bonnet de police.

D. Que doit-on faire quand un officier supérieur entre dans la chambre?

R. Le chef de chambrée ou le plus ancien soldat commande *à vos lits;* à ce commandement chacun doit être au pied de son lit, saluer en ôtant son bonnet de police ou en portant la main à son schakos ; au commandement de *fixe*, fait après celui ci-dessus, les hommes prendront la position du soldat sans armes. (*)

D. Que doit faire le soldat commandé pour la soupe?

R. Il doit mettre la marmite assez de bonne heure pour que la soupe soit prête à l'heure prescrite : il doit apporter tous ses soins pour que les alimens soient cuits proprement et à propos.

D. Que doit faire l'homme de cuisine après le repas du soir?

R. Il doit nettoyer et laver parfaitement les tables et ustensiles de cuisine, les remettre et les consigner au cuisinier de lendemain ; il doit aussi avoir soin que pour la nuit les cruches soient pleines d'eau.

D. Comment sera habillé l'homme de cuisine?

R. Il sera habillé du vêtement à ce destiné ; mais dans les compagnies où il n'y a pas ce vêtement, il aura la capote ou la veste retournée.

D. Où doit-on pendre la viande?

R. En hiver on doit la pendre en dehors des fenêtres ; en été on la pendra dans l'intérieur à moins qu'on n'ait un morceau de toile pour la couvrir.

D. Où l'homme de cuisine doit-il fendre le bois?

(*) L'instructeur fera toujours exécuter ce qui est prescrit ci-dessus.

R. Il doit le fendre dans la cour , *jamais dans les chambres ni corridors.*

D. Le soldat peut-il faire des dégradations au bâtiment qui sert de caserne ?

R. Le soldat doit toujours être attentif à ne jamais faire la moindre dégradation, les bâtimens devant toujours être entretenus avec soin.

D. Par qui sont payées les dégradations qui auraient été faites ?

R. Celles dans les chambres et corridors sont payées par leurs auteurs, et si ces auteurs sont inconnus, elles le sont par les hommes de la compagnie.

D. Par qui sont payés les dommages faits au casernement ?

R. Les taches et autres dommages faits aux draps, couvertures et matelats, sont enlevés ou réparés aux frais des hommes à l'usage desquels ces objets servent.

D. Quelles sont les autres défenses relatives au casernement ?

R. Il est expressément défendu de se coucher sur les lits avec ses souliers, ou d'y nettoyer ses armes, de retirer la paille des paillasses, d'enfoncer des clous dans les murailles, et de ne rien couper sur les tables, bancs, bois de lits, qui puisse les endommager.

D. Que doit faire le soldat commandé de corvée de quartier ?

R. Aussitôt que le soldat de corvée entend la

batterie, il doit se rendre au lieu de rassemblement.

D. Dans quelle tenue le soldat de corvée doit-il se rendre au lieu de rassemblement?

R. Dans l'été, il peut s'y rendre en manche de chemise, dans l'hiver en veste ou capote retournée.

D. Aux ordres de qui est l'homme de corvée de quartier?

R. Il est aux ordres du sergent de garde à la police, et ne doit retourner à la chambre que lorsqu'il y est autorisé.

D. Dans quelle tenue doit se présenter le soldat pour les corvées extérieures?

R. Il doit se présenter dans la tenue prescrite, avec la veste ou la capote retournée.

D. Dans quel ordre le soldat de corvée doit-il marcher et quand doit-il rentrer au quartier?

R. Le soldat doit suivre son rang et ne doit rentrer au quartier qu'accompagné du fourrier, ou du caporal, ou d'après leurs ordres.

D. Quelle est l'attention de l'homme qui va aux emplettes pour l'ordinaire?

R. Il doit débattre le prix, aller à d'autres marchands, sans que le caporal puisse s'y opposer, avoir le soin que les achats se fassent et se paient en sa présence, et qu'ils soient enregistrés aussitôt sur le livre d'ordinaire.

D. Quelle est la tenue des hommes à la salle de police?

R. En capote ou veste retournée.

D. Le soldat à la salle de police subit-il des retenues?

R. Il subit une retenue de cinq centimes par jour au profit de l'ordinaire.

D. Le soldat à la salle de police est-il exempt de service?

R. Non; le détenu à la salle de police doit en sortir pour son service; hors ce temps, il y est toujours renfermé.

D. Quelles sont les obligations du soldat consigné?

R. Le soldat consigné ne doit pas sortir du quartier, et doit porter à la jambe droite une guêtre d'une autre couleur que celle prescrite par la tenue du jour.

D. Le soldat à la salle de police ou consigné va-t-il à l'exercice ou fait-il des corvées?

R. Il est tous les jours exercé à telle classe d'instructions qu'on lui désigne, et est employé à toutes les corvées du quartier.

D. Que doit faire le soldat consigné quand il entend battre aux consignés?

R. Il doit se rendre aussi promptement que possible au lieu de rassemblement des punis.

D. Le soldat en prison ou au cachot fait-il son service et ses corvées?

R. Le soldat en prison et au cachot ne fait ni service, ni corvées. Il reste constamment enfermé.

D. Les peines du cachot et de la prison peuvent-elles être agravées?

R. Oui, le soldat peut y être mis au pain et à l'eau; dans ce cas l'ordinaire lui fournit une double ration de pain.

D. Que doit faire le soldat lorsqu'il est pour prendre les armes, passer une inspection ou aller à l'appel?

R. Il doit se tenir prêt d'avance, et au premier coup de baguette endosser le fourniment et se rendre sur le terrein assigné à sa compagnie.

D. Quelles sont les qualités qui distinguent le bon soldat?

R. Le bon soldat se distingue par l'exactitude et la célérité qu'il met à l'exécution des ordres qui lui sont donnés et à l'accomplissement de tous ses devoirs.

D. Que doit faire un soldat, soit en ville soit au quartier, qui entend battre la générale ou la marche du régiment?

R. Il doit tout quitter, courir prendre les armes, son bagage, et se rendre le plus vîte possible au rassemblement de la compagnie.

FIN DE LA TROISIÈME PARTIE.

QUATRIÈME PARTIE.

Service de route.

D. Quelles dispositions doit prendre le soldat destiné à se mettre en route?

R. Le soldat destiné à se mettre en route doit examiner si tous ses effets sont en état, et les mettre en ordre.

D. Un soldat en route est-il obligé d'avoir une tenue régulière?

R. En route comme en garnison le soldat doit strictement se conformer à la tenue prescrite.

D. Un soldat en marche peut-il quitter son rang?

R. Le soldat en route ne peut quitter son rang sans permission, et doit *toujours marcher à son chef de file.*

D. Si quelque besoin pressant oblige le soldat de sortir de son rang, que doit-il faire?

R. Le soldat doit alors *laisser son arme à son camarade et venir la reprendre le plus tôt possible.*

D. En route, dans quel moment le soldat doit-il en général faire ses besoins?

R. Aux haltes qui se font ordinairement toutes les heures, tant pour laisser reposer le soldat, que pour lui donner le temps de faire ses besoins; il doit profiter de ces repos, ne devant jamais quitter son rang sans une nécessité absolue.

D. Que doit faire le soldat au roulement du repos?

R. Le soldat doit s'arrêter là où il se trouve, ne s'écartant de son rang qu'autant qu'il est absolument nécessaire, afin qu'au signal du départ il puisse de suite se remettre en marche.

D. Le soldat peut-il s'écarter beaucoup aux grandes haltes?

R. Le soldat ne doit s'écarter qu'autant que l'ordre donné le permet, *de manière à être rendu à son rang au premier signal.*

D. Que doit faire un soldat qui par indisposition serait dans l'impossibilité de suivre sa compagnie?

R. Le soldat doit en prévenir son chef.

D. Comment est conduit en marche le soldat puni de la salle de police?

R. Il est conduit par l'arrière-garde; il marche

entre les deux rangs et porte son fusil la crosse en l'air.

D. Comment fait-on marcher les hommes punis de la prison ou du cachot?

R. On les fait marcher entre les deux rangs de la garde, ayant leur fusil la crosse en l'air et l'habit retourné.

D. De quelle mesure de sévérité peut user le chef du corps envers les hommes accusés de délits du ressort des tribunaux?

R. Le chef de corps peut les faire marcher attachés.

D. En arrivant au gîte, où met-on les hommes consignés?

R. Les hommes consignés sont, à l'arrivée au gîte, mis au corps-de-garde, mais à la retraite on les laisse aller à leur logement.

D. Que doit faire en route un soldat commandé de corvée pour la distribution ou pour une autre cause?

R. Le soldat commandé de corvée doit aller de suite à son logement, y déposer ses effets, prendre la tenue de corvée, et se rendre promptement au rendez-vous indiqué.

D. En route quel est le soin du soldat?

R. Le soldat doit redoubler d'exactitude pour se trouver aux heures prescrites à tous les rassemblemens ordonnés, quelqu'éloigné que soit son logement.

D. De quelle manière le soldat doit-il se présenter chez son hôte, et comment doit-il s'y conduire ?

R. Un soldat doit se présenter avec honnêteté et se conduire de manière à alléger autant que possible la charge imposée à son hôte.

D. Que peut exiger un soldat dans son logement?

R. Le soldat peut exiger le coucher selon les facultés de son hôte, des ustensiles de cuisine, place à la chandelle et au feu pour cuire ses alimens.

D. Le soldat peut-il déplacer son hôte de son lit ou de sa chambre?

R. Le soldat ne peut dans aucun cas le déplacer de son lit ni de la chambre qu'il occupe habituellement.

D. Dans le cas où le maître de la maison lui refuserait les objets qui lui sont légitimement dûs, à qui un soldat devrait-il adresser sa réclamation ?

R. Le soldat doit adresser sa réclamation à ses chefs; il ne doit jamais se permettre *des propos offensans, ni de mauvais traitemens envers son hôte.*

D. De quoi doit s'occuper un soldat aussitôt après son arrivée au logement ?

R. Le soldat doit s'occuper de s'approprier et de mettre en ordre ses effets.

D. Que doit faire le soldat avant de se coucher?

R. Le soldat, avant de se coucher, doit faire son sac, arranger les divers objets de son habillement, armement et équipement, *de manière à être toujours prêt à partir au premier signal.*

D. A quoi doit s'occuper un soldat les jours de séjour?

R. Les jours de séjour étant consacrés aux inspections de propreté, le soldat doit particulièrement s'occuper d'y paraître dans le plus grand état d'ordre et de tenue.

D. Quand le soldat doit-il rentrer à son logement?

R. Il doit y être rentré une demi-heure après la retraite, sous peine d'être arrêté par les patrouilles, et conduit au corps de garde pour y passer la nuit.

D. Quel soin doit avoir le soldat avant de rentrer à son logement?

R. Celui de s'assurer des ordres qui ont été donnés, de l'heure du départ du lendemain, ainsi que du lieu de rassemblement.

D. Quelle attention doit-il avoir dans les marches de nuit?

R. Celle de ne jamais quitter son rang.

D. Si le soldat s'égare, où doit-il se rallier?

R. Il doit se rallier à la marche du corps.

D. Si malgré ces précautions le soldat ne peut suivre sa compagnie, que doit-il faire à son arrivée au gîte?

R. Le soldat doit aller au corps-de-garde de la police, demander le logement de sa compagnie, et y prendre son billet.

D. Si par une circonstance extraordinaire un soldat se trouvait involontairement séparé de son corps, que devrait-il faire ?

R. Dans ce cas le soldat devrait s'adresser au maire du premier village qu'il trouverait, lui demander honnêtement un billet de logement, en lui exposant sa position.

D. Si un soldat voyageant isolément perd sa feuille de route, que doit-il faire ?

R. Il doit en faire sa déclaration au maire du premier village qu'il traverse, et en demander un certificat, sur lequel le premier sous-intendant militaire, devant lequel il devra se présenter, lui délivrera une seconde feuille de route.

FIN DE LA QUATRIÈME ET DERNIÈRE PARTIE.

www.ingramcontent.com/pod-product-compliance
Ingram Content Group UK Ltd.
Pitfield, Milton Keynes, MK11 3LW, UK
UKHW021816190726
13853UKWH00003B/1019